tudo é história

Maria Luiza Corassin

A Reforma Agrária
na Roma Antiga

editora brasiliense

Copyright © by, Maria Luiza Corassin
Nenhuma parte desta publicação pode ser gravada,
armazenada em sistemas eletrônicos, fotocopiada,
reproduzida por meios mecânicos ou outros quaisquer
sem autorização prévia da editora.

Primeira edição, 1988
2ª reimpressão revista, 2008

Coordenação editorial: *Alice Kobayahi*
Coordenação de produção: *Roseli Said*
Diagramação: *Digitexto Serviços Gráficos*
Revisão: *Mário R. Q. Moraes e Marcos Vinícius Toledo*
Capa: *Fernando Pires*

Dados Internacionais de Catalogação na Publicação (CIP)
(Câmara Brasileira do Livro, SP, Brasil)

Corassin, Maria Luiza
  A reforma agrária na Roma Antiga / Maria Luiza
Corassin. -- São Paulo : Brasiliense, 2008. -- (Coleção
tudo é história ; 122)
1ª reimpr. da 1. ed. de 1988.
ISBN 978-85-11- 02122-6

Bibliografia
1. Reforma agrária - Roma - História I. Título.
II. Série.

08-03623 CDD-937

Índices para catálogo sistemático:
1.Roma Antiga : Reforma agrária : História 937

editora e livraria brasiliense
Rua Mourato Coelho, 111 – Pinheiros
CEP 05417-010 – São Paulo – SP
www.editorabrasiliense.com.br

Índice

Introdução 7

Expansionismo romano e mudanças sociais . . . 13

A lei agrária de Tibério Graco 43

Ampliação das Reformas: Caio Graco 65

A reação senatorial 79

A consolidação do poder militar 85

Indicações para leitura 91

Sobre a autora 95

Introdução

A agricultura representou ao longo da história romana o setor dominante da produção – a prosperidade material da cidade provinha do campo. Roma nunca foi uma comunidade de artesão e negociantes. A camada dirigente era formada por proprietários rurais: o patrimônio da aristocracia era basicamente fundiário.

A República romana constituía-se essencialmente de uma comunidade de pequenos camponeses livres, proprietários das terras que cultivavam. O camponês romano era o cidadão; como tal, devia defender sua pátria pelas armas. Em caso de guerra, ele deixava sua casa e seu campo; mas terminada a campanha, retornava para fazer a colheita. É por isso que raramente se permitia que as campanhas militares se prolongassem muito após os primeiros dias de verão. As grandes guerras de conquista iriam modificar profundamente a estrutura social tradicional. Mesmo assim, permaneceu a idealização do "cidadão-soldado".

Este fato se refletia em todas as instâncias da cultura. As festas agrárias, por exemplo, ocupavam um lugar de destaque na religião antiga. A maioria das festividades estava associada a momentos importantes da vida rural. O caráter ritual da religião do camponês romano tinha por objetivo estabelecer os sacrifícios e as preces que deviam ser dirigidos aos deuses para obter uma boa colheita.

Os problemas sociais relacionados com a propriedade da terra e suas implicações políticas ocuparam um lugar de destaque na evolução histórica da República romana.

A questão agrária constituiu um problema sempre presente em Roma desde o início do século V (eliminaremos a menção "antes de Cristo" em todas as datas que se refiram aos acontecimentos anteriores à era cristã), atingindo seu ponto crítico na época dos Graco, cuja ação reformadora se situa nos anos entre 133 e 121.

A crise que levou Tibério Graco a propor uma reforma agrária começou a se configurar após a segunda guerra púnica. Roma sustentou contra sua rival, a cidade de Cartago, três guerras que se concluíram com a total destruição de sua inimiga em 146. A segunda guerra durou de 218 a 201 e no decorrer da luta a Itália foi invadida pelo exército cartaginês comandado por Aníbal. A vitória romana veio acompanhada de muitas mudanças socioeconômicas.

A crise agrária do século II não tinha relação com possíveis dificuldades na produção ou na comercialização agrícola; em meados deste século, Catão escreveu um manual de agronomia, cuja leitura não nos transmite a impressão de que a agricultura atravessasse um momento difícil; pelo contrário, estava em uma fase de expansão. A propriedade rural, desde que bem organizada e administrada, era capaz de proporcionar ganhos substanciais. O problema era de outro caráter: como possibilitar o acesso de um crescente número de indivíduos sem terra a essa propriedade?

O movimento de reforma agrária liderado pelos irmãos Graco foi uma tentativa de restaurar o equilíbrio social rompido pelas mudanças resultantes da expansão imperialista de Roma no Mediterrâneo.

As contradições latentes da sociedade romana emergiram no decorrer desse movimento. Abria-se a grande fratura política que caracterizou a fase final da República. Foi o início de um longo período de instabilidade política que somente se encerraria um século mais tarde, com a instauração do Império e a consolidação do sistema escravista.

Cícero, político e orador romano que viveu os momentos finais da República, escreveu: "aqueles que desejam a popularidade e por este motivo agitam a questão agrária, a fim de expulsar os proprietários de suas terras, abalam os fundamentos do Estado".

Para conhecer a época dos Graco, o historiador não dispõe de relatos contemporâneos aos acontecimentos. Existem, porém, fontes secundárias representadas por dois autores gregos muito posteriores: Plutarco e o historiador Apiano, ambos do século II d.C.

Plutarco, um aristocrata grego, deixou-nos as biografias de Tibério e Caio Graco. O objetivo de sua obra é ético, não histórico; mas as suas biografias fornecem ao historiador da República material de boa qualidade.

Apiano de Alexandria escreveu uma história das guerras civis, desde a época dos Graco até Augusto, narrando a fase final da República. O seu modo de relatar os fatos é claro e organizado, recorrendo a boas fontes, mas estas não foram elaboradas com uma crítica pessoal. Apesar das deformações de sua visão a respeito do problema de uma época tão distante da sua, continua sendo uma fonte insubstituível.

Plutarco e Apiano nos oferecem as únicas exposições contínuas sobre o desenrolar dos acontecimentos. Outras fontes dão eventualmente informações utilizáveis: Cícero e o historiador Salústio, que viveram no século I, fazem alusões e comentários sobre os Graco.

A epigrafia fornece alguns documentos. Uma placa de bronze contendo uma inscrição de extensão considerável nos conservou a lei agrária de 111, a qual foi uma das medidas adotadas para anular a obra dos Graco. Foram encontrados também alguns cipos (marcos de pedra em forma de pequenas colunas) utilizados na demarcação de terras; eles contêm inscrições com os nomes dos membros da comissão demarcadora.

A arqueologia é também fonte para a história agrária. Foram realizados levantamentos e escavações de estabelecimentos rurais. O resultado desses estudos recentes fez progredir nosso conhecimento sobre técnicas agrícolas, tipos de exploração e cultivos.

Os tratados dos agrônomos latinos nos oferecem uma importante documentação sobre a agricultura romana e as suas transformações. O mais antigo deles é o *De agricultura* de Catão, escrito no século II. Não é realmente um tratado sistemático, mas uma coletânea de conselhos práticos concernentes à gestão e à exploração da propriedade rural de olivais e de vinhedos, entremeados por modelos de contratos de serviços, receitas de cozinha ou de medicamentos.

Informações sobre o patrimônio fundiário de senadores e membros da elite dirigente de Roma podem ser encontradas esparsamente em biografias, correspondência, discursos e obras históricas deixadas pelos autores antigos.

Expansionismo Romano e mudanças sociais

A guerra e a conquista transformaram profundamente a economia itálica. No início do século III Roma tornara-se uma potência mediterrânica de primeiro plano, após séculos de expansão territorial pela Itália. Cartago, cidade comerciante situada no norte da África, controlava o Mediterrâneo ocidental e boa parte da Sicília; não podia tolerar o surgimento, nos limites de sua área comercial, de uma nova potência capaz de desafiar sua hegemonia.

Roma jogava um lance decisivo ao enfrentar Cartago – ou voltava à condição de um pequeno estado agrícola de periferia ou se transformava numa república imperial dominante no Mediterrâneo ocidental. O sucesso da guerra contra Cartago transformou-a na maior potência do mundo antigo, talvez muito além daquilo que seus governantes poderiam prever.

O longo conflito contra os cartagineses causou imensas perdas em vidas humanas e a imposição de pesados tributos. Durante a segunda guerra púnica (de 218 a 201) a metade dos homens entre 18 e 46 anos de idade, capazes de servir as legiões, foi convocada. As campanhas estenderam-se a áreas distantes como a Espanha, Sicília ou a África e a maioria dos soldados permaneceu longos anos consecutivos afastada de suas terras na Itália.

O território itálico, sobretudo o Sul, sofreu muito com a invasão de Aníbal. A passagem dos exércitos, as operações militares, as represálias de Roma contra as cidades meridionais que não se mantiveram fiéis e aderiram a Aníbal – todos estes fatos tiveram desastrosas consequências sobre a economia, em particular sobre a agricultura.

A vitória contra Cartago não levou a um período de paz. Senhora do Ocidente, Roma foi levada a expandir-se em direção ao Oriente mediterrâneo controlado por débeis monarquias helenísticas. Pouco a pouco, elas foram transformadas em províncias de seu império em formação.

As novas guerras empreendidas na Grécia, na Ásia, na Espanha exigiram o recrutamento de legiões. P. Brunt, professor de História Antiga na

Universidade de Oxford e especialista em problemas da Roma republicana, calculou que no período de 200 a 168 foram mobilizados em média 110 000 homens anualmente, aí incluídos cidadãos romanos e aliados itálicos.

As guerras e a convocação para o serviço militar agravaram o empobrecimento da camada camponesa que constituía a base do exército. Em nome da "conquista do mundo", os romanos arruinaram parte da população itálica.

A contínua expansão aumentou o desnível econômico entre as classes. Os mais ricos foram os mais beneficiados. As enormes perdas durante a segunda guerra púnica (o número de cidadãos mobilizáveis passou de 270.713 em 233 para 214.000 em 204) afetaram, sobretudo, os médios e pequenos proprietários, cujas viúvas e órfãos, arruinados pela perda do pai de família, eram de uma ou de outra forma levados a se desfazerem de suas propriedades. As fontes antigas mencionam com insistência este tipo de desapropriação legal.

O processo se iniciava com o abandono forçado, durante as operações militares, dos campos cultivados. Uma vez abandonados, eram "anexados pelos vizinhos": às vezes, simplesmente usurpados; ou então, eram vendidos a baixo preço pelos proprietários que não tinham mais condições de cultivá-los. Os beneficiados eram os "ricos", aqueles que não precisavam trabalhar pessoalmente em suas terras e que, portanto, a guerra não impedia que continuassem a explorar suas propriedades. Desta forma, eram principalmente os pequenos proprietários as maiores vítimas do processo acima descrito.

O Estado romano dispunha de consideráveis extensões de terras que caíram em seu poder após serem confiscadas aos inimigos vencidos. Um certo número de cidades itálicas aliadas, principalmente na Campânia e na Itália do sul, passaram para o lado de Aníbal; foram depois duramente castigadas por Roma, por meio do confisco de suas terras. Estas foram acrescentadas ao patrimônio público que Roma já havia adquirido no decorrer do século III, durante a conquista da Itália central e meridional. Na mesma época, sobretudo no início da segunda guerra púnica (principalmente de 216 a 210), o Estado precisou pedir empréstimos a particulares – aos cidadãos mais ricos, senadores e cavaleiros em primeiro lugar. O Estado aproveitou as terras que caíram em seu poder para liquidar em parte as dívidas públicas. Tal medida foi muito bem recebida pelos credores, que foram reembolsados dos empréstimos com terras que após a guerra ficaram ainda mais valorizadas.

Assim, foram beneficiados os proprietários de terras suficientemente ricos para que a mobilização militar e a eventual perda do chefe de família e/ou de seus filhos na guerra, não pudessem arruinar sua lavoura. Também os ricos tiraram proveito das vendas a baixo preço por parte do Estado ou do reembolso do empréstimo compulsório durante a guerra.

A guerra era, aliás, uma fonte de enriquecimento para os vencedores. Generais, oficiais e soldados dividiam - desigualmente, é óbvio – um butim que consistia, em primeiro lugar, no tesouro monetário do inimigo. Este era frequentemente distribuído no próprio local, ao final da campanha.

As repetidas vitórias permitiram a transferência para a Itália de grandes riquezas, dos tesouros acumulados no Mediterrâneo oriental. O erário público enriqueceu-se com a pilhagem dos povos conquistados; gradualmente, a esta forma de transferência de riqueza acrescentou-se o pagamento regular de impostos pelas províncias em que as regiões conquistadas foram transformadas.

A elite romana dissipou parcialmente esta nova riqueza em despesas suntuárias, em um luxo ostensivo considerado como sinal de distinção social. Foram construídas obras públicas em Roma e em outras cidades itálicas; este fato contribuiu para a criação de novos empregos para homens livres e para o aumento da utilização de escravos; a demanda de gêneros alimentícios para abastecer as cidades foi estimulada; esta crescente demanda passou a ser atendida pela nova produção excedente das propriedades agrícolas itálicas. A produção aumentava acompanhando o surgimento de novos mercados.

As camadas superiores da sociedade romana não se entregavam apenas a gastos improdutivos; uma boa parte da riqueza foi investida em terras na Itália.

A terra constituía, numa sociedade basicamente agrária como era a romana, o investimento mais seguro e que proporcionava maior prestígio social. As terras foram se concentrando nas mãos dos mais ricos – eram as terras que os pobres vendiam, perdiam ao vencer as hipotecas ou das quais eram expulsos até pela violência. Terras que precedentemente tinham sido cultivadas por homens livres eram transformadas em empreendimentos agrícolas destinados a produzir excedentes para serem colocados no mercado. Estas novas empresas agrícolas seriam cultivadas por mão–de–obra escrava.

O destino dos prisioneiros de guerra era a escravidão. Em 256, cerca de 20 000 prisioneiros foram transformados em escravos; em 167, outros 150 000 foram vendidos pelo general romano

Emílio Paulo. Sem dúvida estas cifras transmitidas pelos autores antigos não podem ser aceitas credulamente; mas dão idéia de quantos escravos se acreditava poder adquirir durante uma campanha.

A guerra era a principal, mas não a única fonte de escravos; outra era a pirataria que floresceu no Mediterrâneo oriental. Os romanos não a combateram por longos anos, talvez porque seus proprietários de escravos dela se beneficiassem.

A utilização do trabalho escravo permitiu ao Estado a convocação de elevado número de homens livres por longos períodos durante as guerras. De outro modo teria sido impossível que, durante a invasão de Aníbal, Roma mobilizasse um dentre dois cidadãos em idade militar; os víveres e o abastecimento geral durante a guerra só puderam ser fornecidos pela mão-de-obra escrava.

Outro efeito da escravidão foi diminuir a necessidade da exploração direta dos homens livres pobres, os quais foram utilizados então apenas na guerra. Apiano refere-se à preferência dos proprietários romanos pela mão-de-obra escrava, pois os homens livres estavam sujeitos à convocação militar e, portanto, não disponíveis como trabalhadores.

Na verdade, a guerra colocou uma mão-de-obra escrava barata e abundante à disposição dos proprietários fundiários romanos. O resultado foi claro: a situação dos camponeses piorou. Muitos desses cidadãos-soldados que os romanos gostavam de chamar de "conquistadores do mundo" perderam suas terras e nelas foram substituídos pelos povos vencidos reduzidos à escravidão.

Plutarco nos transmitiu um discurso de Tibério Graco defendendo a sua lei agrária:

> "Os animais selvagens da Itália possuem cada um a sua toca, seu abrigo, seu refúgio; mas os homens que combatem e morrem pela Itália não dispõem de outro bem senão a luz e o ar e nada mais. Sem morada, sem residência fixa, eles vagueiam por aqui e ali, com seus filhos e mulheres. Os generais mentem ao exortá-los, nas batalhas, a combaterem pelos seus túmulos e pelos lugares de culto; pois muitos romanos não possuem altar de família, nem túmulo de antepassados. Eles combatem e morrem para sustentar o luxo e a opulência dos outros; e lhes chamam senhores do mundo, quando não possuem sequer um pedaço de terra."

A *villa* escravista

No século II a escravidão assume sua forma clássica no mundo romano. Embora a agricultura continuasse sendo a base da economia, sua organização foi alterada.

Desenvolveu-se a empresa agrária racionalmente organizada, que é conhecida por intermédio de uma obra escrita por Catão. Ela é válida como testemunho sobre as condições agrícolas do século II, justamente na época em que começava a se difundir a nova forma de propriedade: a *villa*. O livro consta de uma coletânea de preceitos, baseada na experiência direta do autor ou em informações orais de seus contemporâneos.

Em sua obra, Catão dedica a maior atenção a dois cultivos em especial: o oliveiral, com a extensão de 240 jeiras (60 hectares) e o vinhedo de 100 jeiras (25 hectares). Para os padrões romanos, estas propriedades podem ser consideradas de tamanho médio.

Uma das características significativas é que a produção do azeite ou do vinho era dirigida para a comercialização. O trigo e outros cereais, cujos preços eram pouco remuneradores, eram cultivados apenas para atender as necessidades de consumo do pessoal; se houvesse um excedente, no entanto, este também seria encaminhado para a venda.

A *villa* descrita por Catão é muito diferente da pequena propriedade camponesa tradicional; esta apresentava um caráter familiar-doméstico, produzindo para a subsistência da família. Cultivada diretamente pelo proprietário, sua principal produção eram os cereais.

No novo tipo de exploração agrária o proprietário era um chefe de família que procurava um investimento para o seu dinheiro; aplicava em terras para obter um bom rendimento. Podia ser um nobre cuja atividade principal era os negócios de Estado ou um homem em ascensão social que conseguira uma elevada posição financeira no *forum* ou no comércio. Vivia na cidade e entregava a direção da propriedade a um feitor, o *vilicus*, que geralmente era um escravo; mas o proprietário não se desinteressava da gestão de sua empresa. Inspecionava com frequência suas terras e verificava pessoalmente as condições das culturas, interrogando o feitor sobre o andamento do trabalho.

Catão aconselhava o proprietário a colocar à venda os bois velhos, os cordeiros desmamados, a lã, peles, carroças e ferramentas velhas, os escravos velhos e doentes e tudo o que estivesse sobrando.

Ao ler este conselho, pode-se ficar imaginando onde Catão conseguiria encontrar alguém interessado em escravos velhos e doentes. Até a alimentação diária fornecida aos escravos era cuidadosamente calculada. A ideia geral passada pelo manual de Catão é a de obter o máximo de ganho numa agricultura voltada para a comercialização de seus produtos. Procura-se diminuir ao máximo as despesas e explorar ao máximo as forças de trabalho. Dentro deste sentido é que deve ser entendida a recomendação de Catão: "o bom proprietário deve antes vender do que comprar".

Ao procurar terras para adquirir, o comprador devia escolher com cuidado; a vizinhança de estradas, do mar ou de vias fluviais navegáveis era importante para possibilitar o transporte da produção e o abastecimento da propriedade. O custo do transporte pesava muito no preço final dos produtos.

A mão-de-obra permanente da *villa* era constituída por escravos, cujo número não era elevado. Para um oliveiral, Catão previa um total de treze escravos e para um vinhedo, dezesseis escravos.

Para a época da colheita ou para trabalhos temporários previa-se a contratação de mão-de-obra extra recrutada nas vizinhanças. Homens-livres eram empregados como assalariados, por jornadas. A colheita e a manipulação das azeitonas eram feitas por contrato com um empresário que dispunha de seus próprios trabalhadores. Outra prática comum era vender os frutos na planta, ficando a colheita a cargo do comprador.

Desta forma evitava-se manter mão-de-obra desocupada durante boa parte do ano. Esta era uma maneira eficiente de explorar o trabalho escravo.

A propriedade descrita por Catão era um sistema mais avançado que o da pequena propriedade camponesa e permitia obter efetiva melhoria na produção.

O sistema de propriedade transformava-se. A *villa* escravista era inacessível ao camponês sem recursos. Só o rico proprietário podia investir na aquisição de escravos, em equipamentos para a fabricação de azeite e vinho, na compra de maiores extensões de terras e na plantação de árvores cuja produção demorava anos para se iniciar.

Esta forma de produção fez cair a cultura de cereais para um dos últimos lugares na classificação entre as atividades mais rendosas. A mudança foi favorecida pela aquisição das primeiras províncias por Roma, que impôs aos territórios conquistados o pagamento de tributo; onde foi possível, exigiu-se trigo. Assim, o Estado podia dispor de enormes quantidades de cereais, obtidos gratuitamente ou a baixo preço, que serviu para abastecer Roma e as legiões. Este fato diminuiu a demanda de trigo produzido na própria Itália.

Deve-se ressaltar, contudo, que a maioria da população itálica continuou a ser alimentada pela produção local de cereais. Devido à dificuldade dos transportes não era viável abastecer com trigo vindo de fora outras regiões além da capital do Império.

A cultura de cereais sobreviveu em muitas regiões itálicas. Embora oferecesse um rendimento mais baixo, ainda era conveniente para os pequenos lavradores que não dispunham de recursos para aplicar em *villae* escravistas ou na criação de gado; servia para o consumo familiar do camponês, que se contentava em ganhar o suficiente para viver.

Não se pode afirmar, portanto, que a aquisição de províncias produtoras de trigo, como a Sicília, por exemplo, provocou a ruína do pequeno proprietário e o declínio da produção itálica de cereais. Apenas veio favorecer o processo de transformação agrária, já iniciado com a difusão de *villae* escravistas. A pequena propriedade camponesa com sua economia autosuficiente não desapareceu; pelo contrário, a política de colonização e de distribuição de terras desenvolvida pelo governo romano nos primeiros trinta anos do século II tendia a reproduzir este sistema, especialmente em áreas do norte da Itália.

Outra teoria que hoje está superada é a de que o latifúndio seria o tipo de propriedade agrária dominante na Itália na época dos Graco. A historiografia do século XIX e mesmo a do século XX se baseou na versão apresentada por Apiano no seu famoso capítulo 7 das *Guerras Civis*, livro I: as pequenas herdades teriam sido substituídas pelas vastas propriedades cultivadas por escravos, formadas por extorsão dos cidadãos ricos contra os pobres.

Esta ideia da grande expansão do "latifúndio" foi partilhada por muitos especialistas, como Max Weber, G. Salvioli, M. Rostovtzeff e Tenney Frank. Manuais de diferentes orientações, como os de A. Aymard e J. Auboyer (na *História geral das civilizações*, sob a direção de M. Crouzet) e V. Diakov (na *História de la Antigüedad* sob a direção de Diakov e Kovalev) seguem a mesma linha.

Críticas à supervalorização do papel do latifúndio nesta fase final da República surgiram na historiografia soviética. V. I. Kuziscin em *La grande proprietà agraria nell´Italia romana* afirma que a teoria de Apiano deve ser encarada com reservas, pois este é um autor não contemporâneo aos fatos que relata e influenciado pelas ideias correntes sobre o latifúndio a partir do século I d.C.

Kuziscin propõe uma releitura das fontes antigas utilizando os tratados dos agrônomos latinos, com o objetivo de estudar a composição do patrimônio dos grandes proprietários romanos como Catão, no século II e de Cícero, no século I. Conclui que a grande propriedade fundiária, que estava se difundindo, era formada por vários domínios de média extensão, com 100, 200 e até 500 jeiras, esparsos por várias regiões e administrados de forma independente uns dos outros. Não se tratava, portanto, de latifúndio, isto é, uma empresa agrícola unitária, com administração centralizada, de extensão superior a 1000 jeiras, trabalhada por elevado número de escravos.

É possível constatar que os grandes proprietários fundiários romanos, na tarda época republicana, embora seguindo uma política de ampliação de seu patrimônio, realizavam frequentemente (mas não sempre) aquisições que concentravam as partes de suas propriedades em uma mesma área geográfica; mas depois não fundiam as várias unidades confinantes em uma única empresa agrícola mais ampla.

O processo de enriquecimento e crescimento da classe de proprietários agrários romanos ocorria por meio da somatória de unidades que não tendiam a crescer e a assumir uma organização interna mais complexa. Os ricos romanos passavam parte de seu tempo visitando suas propriedades e suas *villae*, que tendiam a se tornarem mais numerosas e também mais luxuosas. É um processo diferente da moderna sociedade capitalista: nunca houve na época republicana um crescimento sistemático de cada uma das unidades produtivas da agricultura romana; não se deve imaginar um processo em que a pequena empresa evoluiu para a média, depois para a grande até chegar a dimensões "nacionais" e "multinacionais".

O latifúndio e a *villa* escravista são entidades diversas. O latifúndio não foi o resultado da evolução desta última, mas sim o efeito de transformações consideráveis na organização das formas produtivas.

Quanto ao relato de Apiano, não deve ser rejeitado como sendo sem valor documental. O autor trata o problema em função da lei agrária de 133; ele procurava resumir o relato do processo de transformação que vinha ocorrendo há cerca de setenta anos. Sua perspectiva é generalizante, mas oferece uma suficiente precisão e corresponde às linhas essenciais da situação da sociedade romano-itálica no século II. Outras fontes, como Tito Lívio, Catão e a tradição latina que nos foi conservada confirmam a realidade da expansão do escravismo e a concentração de terras nas mãos daqueles que Apiano chama "os ricos", mas não a substituição geral da pequena propriedade pelo latifúndio.

Alguns pontos centrais da obra de Kuziscin tornaram-se correntemente aceitos pela historiografia atual. O destaque dado à propriedade de extensão média e a sua nítida distinção em relação ao latifúndio são endossados por outros autores como Claude Mossé e Emilio Gabba.

O latifúndio desenvolveu-se ligado a determinados tipos de atividade, particularmente as pastagens para criação de gado ou o cultivo extensivo de cereais. Após a invasão da Itália por Aníbal, as regiões meridionais ofereceram condições favoráveis ao seu aparecimento. O declínio demográfico e o despovoamento de grandes áreas foram consequências da guerra; nestes vazios, o fenômeno da escravidão pôde desenvolver-se mais, no momento em que as conquistas colocaram à disposição das camadas mais ricas da sociedade grande quantidade de mão-de-obra escrava.

Nas áreas dos Apeninos predominava uma economia de tipo pastoril. A intervenção romana estimulou a exploração intensiva do *ager publicus* para pastagens. A criação de gado bovino e ovino baseada na transumância nos séculos II e I é testemunhada por fontes romanas, especialmente no Sâmnio, Lucânia e Apúlia. A transumância era praticada por populações itálicas desde época muito antiga, mas teve um desenvolvimento novo no século II graças aos grandes investimentos romanos e itálicos e a maior disponibilidade do *ager publicus* para a ocupação privada.

A Sicília passou para o domínio de Roma no final da primeira guerra púnica, em 241, tornando-se a terra clássica das grandes propriedades, os *latifundia* trabalhados por escravos. Em certas áreas desenvolveu-se o pastoreio em imensos domínios, com a presença de verdadeiras massas de escravos. Em áreas mais férteis a produção de cereais prosperava em propriedades de cerca de 500 hectares, como as mencionadas nas *Verrinas* de Cícero.

Justamente nestas áreas de latifúndio é que ocorreram os grandes levantes no final do século II; os escravos da Sicília participaram de duas revoltas (em 134 e 104) que se colocam entre as maiores insurreições de escravos da Antiguidade e talvez de todas as épocas.

Os escritores antigos atribuíram-nas a dois fatores: o enorme número de escravos e a excessiva brutalidade dos patrões. Parece significativo que os levantes tenham ocorrido, sobretudo, entre escravos rurais que trabalhavam em propriedades do tipo latifundístico.

A *villa* escravista do gênero descrito por Catão, com seu número pequeno de escravos, submetidos à estreita vigilância, era sem dúvida a que oferecia os melhores resultados na exploração do trabalho escravo: maior rentabilidade e segurança. Note-se a intrínseca incapacidade de crescimento da organização da *villa* escravista. Este modelo era incapaz de evoluir para níveis mais elevados de modo a permitir um alargamento das bases produtivas.

A coexistência de diversas formas de exploração agrária demonstra a complexidade do quadro oferecido pela agricultura itálica. O avanço da arboricultura centralizada na vinha e na oliveira, centrada na *villa*, não implicou no desaparecimento do trabalhador livre, que continuará existindo. Com a implantação do escravismo não desapareceram completamente as formas econômico-sociais anteriormente existentes.

Terra pública para os sem-terra

A nova agricultura em difusão pela Itália era incapaz, no entanto, de dar trabalho a um grande número de pequenos proprietários e camponeses livres. Vimos que a mão-de-obra na *villa* de Catão era essencialmente escrava, embora se recorresse a trabalhadores livres sazonais, nos momentos de acúmulo de trabalho. Nas regiões onde a criação extensiva tinha substituído a agricultura, o fenômeno era ainda mais sério.

As cidades, particularmente Roma, incharam no início do século II, recebendo muitos dos sem-terra, que foram sendo expulsos do campo devido à tendência da propriedade rural concentrar-se nas mãos dos ricos. O aumento das despesas com obras públicas e, em geral, as maiores oportunidades de trabalho na cidade, no artesanato, na produção de manufaturas necessárias, por exemplo, para o exército, favoreceram o processo de urbanização do proletariado rural. Por outro lado, a construção de grandes obras públicas, como os aquedutos, para atender o crescimento urbano, ou de templos e outros edifícios que tinham finalidade política, em contínuo aumento no decorrer do século II, não conseguiam criar uma alternativa permanente à base agrária da sociedade romana.

Isto não significava, no entanto, o despovoamento geral das áreas rurais. O que se registrava era uma diminuição progressiva do número de camponeses proprietários das terras que cultivavam.

Para resolver este problema, haveria terra disponível para ser distribuída?

O movimento de concentração da propriedade ocorreu provavelmente em todas as categorias de terras itálicas: privadas e públicas.

As terras privadas, que estavam cada vez mais indo parar nas mãos dos ricos investidores, escapavam ao controle do Estado. Em Roma o direito de propriedade era indiscutível. Não havia nenhum limite ao direito do cidadão romano de dispor de suas terras. Ninguém, nem mesmo o Estado, podia interferir nas terras juridicamente privadas. Este tipo de propriedade jamais entrou na questão da redistribuição.

O conflito surgiu em relação à outra categoria de terras, aquelas que formavam o *ager publicus* – o domínio público do Estado, as terras que pertenciam coletivamente ao povo romano.

O Senado e os magistrados eram encarregados de administrar este patrimônio coletivo. As terras conquistadas aos povos vencidos eram nele incorporadas.

Vamos explicar quais eram as operações possíveis de realizar com o *ager publicus*. Ele podia ser alienado: por venda, em benefício do erário público, ou ser cedido gratuitamente. O Estado podia conceder gratuitamente terras aos cidadãos, que as recebiam individualmente ou por meio da fundação de uma colônia. A instalação destes cidadãos beneficiados com pequenos lotes de terra sempre teve papel importante ao longo da história de Roma. Este movimento romanizou a Itália e urbanizou muitas áreas. Os lotes concedidos tornavam-se plena propriedade dos cidadãos.

Outra parte do *ager publicus* era constituída por terrenos não cultivados, tais como florestas, pastagens e pântanos. Economicamente rentáveis, os censores entregavam sua exploração aos interessados. As pastagens, principalmente em vastas áreas meridionais, eram utilizadas por particulares mediante o pagamento de uma taxa proporcional ao tamanho do rebanho.

O Estado explorava de outra forma as terras cultivadas. Quando Roma se apropriava das terras conquistadas, nem sempre expulsava os ex-proprietários; eles podiam nelas permanecer, pagando daí em diante um imposto ao Estado, o vectigal; este era considerado como um aluguel.

Finalmente, resta mencionar as terras públicas que não tinham ocupantes: ou nunca haviam sido cultivadas ou a guerra eliminara seus habitantes. Não sabemos a partir de quando o Estado começou a permitir a ocupação destas terras sem necessidade de um título de propriedade. Esta prática era chamada pelos romanos de *occupatio* e aqueles que detinham tais terras eram os *possessores*.

A situação dos *possessores* era muito clara: eles possuíam o direito de uso, revogável pelo Estado em qualquer momento; era uma forma precária de posse. Legalmente o *possessor* do *ager publicus* não se confunde com o *dominus*, o proprietário que detém a terra privada com plenos direitos.

O conflito envolveu as áreas ocupadas pelos *possessores*; numerosos ricos proprietários avançaram sobre as terras públicas e pretendiam fazer passar por privadas as terras que em verdade eram do Estado.

O *ager publicus* era tradicionalmente visto como o único instrumento à disposição do Estado para intervir na resolução dos problemas sociais e econômicos. A crise eclodiu quando o Estado pretendeu recuperar as terras que deixara sem um controle adequado nas mãos dos *possessores*. Estes, embora não pudessem apresentar o título de propriedade, depois de anos de ocupação estavam habituados a se considerarem verdadeiros proprietários.

Houve tentativas de coibir os abusos: há menção a uma lei agrária anterior à época dos Graco. A data é incerta, mas os autores antigos referem-se à lei que proibia que um indivíduo ocupasse mais de quinhentas jeiras de terras públicas. A aplicação desta medida foi difícil, pois os grandes *possessores* recorreram à transferência fictícia da terra para o nome de outras pessoas. Na maioria dos casos, a lei foi simplesmente ignorada.

A proletarização das camadas médias e baixas, ligadas à agricultura constituía um dos aspectos mais graves das transformações sociais e econômicas do mundo romano-itálico. No interior da própria classe dirigente romana surgiram reflexões sobre as raízes desta crise, conduzindo à percepção da necessidade de mudanças. Lélio, que em 140 exerceu o consulado, ou seja, ocupou o mais alto cargo da República, procurou remediar os abusos. Plutarco nos informa que "encontrando oposição por parte dos poderosos, ele recuou diante dos protestos e abandonou o projeto". O termo empregado, "poderosos", é impreciso, mas devia referir-se a elementos da aristocracia senatorial, aos cidadãos com influência política, bem como aos ricos itálicos que controlavam as comunidades aliadas de Roma.

O camponês-soldado

O desenvolvimento do sistema escravista transformou profundamente o equilíbrio interno de uma cidade censitária como Roma.

A cidade-greco-romana baseava-se nos cidadãos que eram proprietários. Magistrados eleitos a cada cinco anos, denominados censores, realizavam a operação de recenseamento: os cidadãos (de sexo masculino, adultos) eram divididos em cinco classes censitárias, em função do seu *census* (a estimativa em moeda, feita pelos censores, do total de sua fortuna, segundo sua declaração de bens). É óbvio que eram mais numerosos os cidadãos incluídos nas classes inferiores do que na primeira classe.

Estes homens eram os *assidui*, aqueles que possuíam propriedades suficientes para ter condição de se equiparem – eram aptos para servir nas legiões. Aqueles cujos bens não atingiam o limite mínimo fixado para o censo da quinta classe eram chamados de *capite censi* (recenseados somente pela sua pessoa) e de *proletarii* (se possuíam filhos, a sua prole). Reunidos em uma única centúria fora das classes, ficavam isentos do serviço militar. Apenas os *assidui* estavam sujeitos à mobilização para o exército por ocasião de guerra.

O sistema de centúrias representava um quadro dentro do qual os cidadãos deviam ser repartidos. Cada unidade – a "centúria" - devia contribuir mais ou menos com o mesmo valor; por isso compreendia um número de homens tanto mais numeroso quanto mais eram pobres. Cada grupo devia fornecer a mesma contribuição do ponto de vista militar, fiscal e político: o mesmo número de homens para as legiões, uma contribuição equivalente de imposto e o direito a um voto na assembleia popular (os comícios).

A primeira classe, a dos cidadãos mais ricos, era formada por oitenta centúrias de infantaria e dezoito de cavalaria. Já a quinta classe, a mais numerosa, pois reunia aqueles com menos propriedades, compunha-se de apenas trinta centúrias.

Esta é a característica da cidade censitária: os encargos cívicos, principalmente o serviço militar e o pagamento do tributo, recaíam com maior peso sobre os cidadãos mais ricos; em compensação, estes detinham maior peso político. Os comícios por centúrias é que elegiam os magistrados superiores – cônsules, pretores, censores. Cada centúria dispunha de um voto. As classes votavam sucessivamente, seguindo uma escala descendente de fortuna. O escrutínio era suspenso quando se obtinha a maioria de votos. Assim quando as classes mais altas estavam de acordo, as classes mais baixas praticamente não votavam; a primeira classe sozinha dispunha de 98 votos (80 da infantaria mais 18 da cavalaria) num total de 195 centúrias.

A cidade romana é, portanto, fundamentada na desigualdade. Em lugar de ignorar a desigualdade, a cidade a utilizava para repartir os direitos e deveres, os encargos e benefícios. Esta é, pelo menos, a justificativa ideológica para facilitar a aceitação da desigualdade pelos mais desfavorecidos, que se sentem solidários com a coletividade.

A Reforma Agrária na Roma Antiga 39

*Cena de um recenseamento, no friso da chamada
"Ara de Domício Aenobarbo" (século I a.C.). Museu do Louvre*

O exército na República, composto pelos *assidui*, era convocado no momento da guerra e dispensado no final da campanha. Não existia um exército permanente profissional, nem serviço militar no sentido que hoje damos a esta expressão. Todos os cidadãos incluídos nas cinco classes do censo podiam ser chamados a qualquer momento, cada um pagando seu próprio equipamento militar, que era variável segundo o nível de fortuna.

À medida que o cidadão foi perdendo suas terras, ocorreu sua "proletarização", no sentido romano do termo: transformou-se em um *proletarius* por não ter o censo suficiente sequer para ser inscrito na quinta classe. No decorrer do século II, as autoridades romanas foram forçadas a baixar várias vezes este limite mínimo do censo, para poder recrutar tropas. Os cidadãos pobres, praticamente excluídos dos direitos de cidadania, eram também excluídos dos deveres cívicos – o serviço militar, em primeiro lugar.

A relação cidadão / proprietário de terras era a própria base da cidade romana. Uma alteração deste dado não deixaria de ter reflexos profundos, colocando em risco toda a estrutura da República. Daí os esforços de um grupo de reformadores, oriundos da própria elite dirigente, em reconstituir esta camada de pequenos camponeses.

O controle político estava nas mãos de uma camada restrita, a aristocracia senatorial; as camadas inferiores, não dispondo de vias institucionais para expressar uma ação política própria, precisavam da liderança de um membro da classe dirigente.

A estrutura política de Roma não se mostrava adequada para controlar um império que no decorrer de cinqüenta anos se ampliava até a Espanha, a África e a Macedônia. A construção do império também modificara a estrutura das elites privilegiadas. Politicamente a direção do Estado cabia ao Senado e à aristocracia que a ele pertencia; socialmente novos grupos haviam se desenvolvido, cujos interesses nem sempre coincidiam com os da restrita elite senatorial.

A profunda crise da sociedade romana era determinada pelas transformações sociais e econômicas que mencionamos até agora: o desenvolvimento da escravidão, a proletarização dos trabalhadores rurais, a escassez de recrutas para o exército, as novas formas de organização da propriedade agrária.

A aristocracia senatorial dispunha de um quadro institucional que se mostrava cada vez mais impróprio para governar, mas que era defendido por servir para preservar o seu poder. Os grandes problemas não encontravam dentro dessas estruturas antiquadas uma via normal de discussão.

Uma parte da elite senatorial tomou a iniciativa de intervir para modificar a situação, abrindo um processo político que levaria mais de um século para se encerrar e no fim do qual esta aristocracia senatorial seria alijada do poder.

A intervenção no sentido de uma recuperação da estrutura agrária tradicional, da pequena propriedade campesina, por intermédio da interferência do Estado sobre o uso da terra pública, era admitida mesmo por grupos senatoriais tradicionalistas.

A lei agrária de Tibério Graco

Um grupo de senadores reabriu a questão do *ager publicus* em 133. Tibério Graco encarregou-se de apresentar uma nova lei agrária. Ele provinha da mais alta nobreza: o pai fora censor e duas vezes cônsul; a mãe era filha de Cipião, o Africano, o vencedor de Aníbal; era genro de Ápio Cláudio, chefe de influente família patrícia. Seu irmão mais moço, Caio, era genro de Públio Crasso, cônsul em 131 e um dos romanos mais ricos da época.

Plutarco informa que Tibério não redigiu sozinho a lei, mas aconselhou-se com "os mais eminentes cidadãos": Múcio Cévola (jurisconsulto e cônsul na época), Crasso e Ápio Cláudio.

Uma parte da aristocracia senatorial não era, portanto, alheia às idéias de uma legislação agrária e não a encarava como revolucionária; pelo contrário, considerava-a necessária e aceitável. Kuziscin levanta a hipótese de que estes personagens ligados à autoria da lei agrária não estavam muito envolvidos com a ocupação das terras públicas; pelo contrário, enquadravam-se dentro das normas previstas pela lei. Nem todos os membros da aristocracia senatorial participaram da ocupação ilegal do *ager publicus*; haviam formado seu patrimônio fundiário por outros meios, comprando legalmente suas terras.

Ao apresentar o projeto de lei, Graco ocupava o cargo de tribuno da plebe. Esta magistratura tivera origem nos primeiros tempos da República, dentro do contexto da luta entre patrícios e plebeus. Servira inicialmente como instrumento de luta da plebe, mas desde há muito perdera qualquer conteúdo revolucionário. Quase nenhuma iniciativa era tomada pelos tribunos da plebe sem orientação do Senado; transformaram-se em um instrumento da classe dirigente; esta os induzia a propor leis que desejava ver aprovadas ou a vetar as medidas que lhe desagradavam. Tito Lívio os define como "escravos dos nobres"; geralmente eram ligados às famílias nobres e tinham permissão para assistir às reuniões do Senado. Os tribunos eram costumeiramente jovens aristocratas que estavam fazendo carreira para entrar no Senado. No entanto, por volta de 150, recomeçaram os sinais de conflito: tribunos da plebe chegaram a deter os cônsules em 151 e em 138 por questões relacionadas com o recrutamento militar. Com os Graco, o tribunado da plebe torna-se o canal através do qual o conflito entre os grupos políticos se expressa.

Tibério pretendia resolver o problema do empobrecimento dos cidadãos; desejava restituir à camada camponesa, na qual eram recrutadas as legiões, o seu antigo vigor. O reforço do poder militar de Roma era claramente uma de suas preocupações. A intenção era preservar a estrutura da cidade-Estado naquilo que lhe era fundamental: o exército cívico e a camada de pequenos e médios proprietários.

Esta tentativa de restaurar um passado (mais ou menos real) considerado como exemplar tinha como ponto de referência um tema arraigado na mentalidade aristocrática: a idealização dos primórdios da época republicana. A austeridade de uma república rural de pequenos proprietários está representada na figura do aristocrata Cincinato, que largou o arado em sua propriedade de quatro jeiras, em 458, quando foi chamado para salvar Roma ameaçada pelo perigo externo. Esta é uma imagem cara aos romanos que foi utilizada na defesa da reforma agrária: o patriotismo justificava as exigências em favor dos camponeses proletarizados. A lei agrária foi apresentada como um meio de restaurar as antigas virtudes militares de Roma e preservar a grandeza de seu império. Não se pode tomar parte na vida da cidade se não se tem um patrimônio a defender; esta é uma variante da teoria aristocrática que vinculava o direito político à propriedade da terra.

Tibério Graco preocupava-se com o decréscimo do número de *assidui*. Apiano e Plutarco ressaltam o aspecto demográfico e militar da expulsão em massa de pequenos proprietários:

> A população de homens livres diminuía, oprimidos pela miséria, pelas contribuições e pelo serviço militar.
> (APIANO – *Guerras Civis*, I, 7)

> Os pobres afirmavam que estavam sendo reduzidos à extrema miséria; que esta penúria os impedia de ter filhos porque eram incapazes de criá-los.
> (APIANO – *Guerras Civis*, I, 10)

> Os pobres, assim espoliados, não se empenharam em fazer o serviço militar e se descuidaram até de criar filhos. Deste modo, a Itália logo se viu na iminência de se despovoar de homens livres.
> (PLUTARCO, *Tibério*, VIII)

Parece que estes autores tardios confundiram a diminuição do número de homens livres (da qual não há outros testemunhos) com a real diminuição do número de cidadãos proprietários de terras com bens suficientes para serem incluídos no censo.

Conhecemos alguns números do censo quinquenal efetuado pelos magistrados romanos e que indicam uma baixa sensível do número de homens adultos registrados perante os censores nos anos entre 164 e 134.

Ano	Cidadãos
164	337.022
159	328.316
154	324.000
147	322.000
142	322.442
136	317.933
131	318.823

Este é o período em que a crise agrária se alastrou e o censo pode indicar não uma diminuição absoluta da população, mas uma baixa relativa do número de proprietários, dos *assidui*.

É contra esta situação – e suas graves consequências militares – que os reformadores de 133 desejavam agir.

A proposta de lei foi acompanhada de amplo debate; as fontes nos transmitem os argumentos usados. A discussão de princípios (comum no pensamento político grego) passou para o domínio do debate público. É do mundo grego que a filosofia política chega a Roma. Desde o fim do século II encontramos a influência da filosofia estóica impregnando grande parte dos meios senatoriais. A ideologia corrente utilizou, de forma adaptada, os temas de discussão filosófica.

O discurso político refletiu as idéias filosóficas simplificadas. Os princípios de justiça e equidade foram invocados em defesa da reforma agrária. Uma das idéias essenciais era o direito do cidadão à propriedade das terras conquistadas com a sua participação. Tibério perguntava: "...não é justo que a propriedade comunitária seja dividida entre todos?" (APIANO – *Guerras Civis*, I, 11)

Plutarco afirma que Tibério agiu por instigação do filósofo Blóssio, da cidade grega de Cumas; alguns anos depois este filósofo participou de um movimento antirromano em Pérgamo, defendendo ali princípios de igualdade social. Em certos momentos de sua ação, Tibério parece demonstrar a assimilação de conceitos ligados ao pensamento grego: a preocupação com a justiça; a soberania distribuída pelo conjunto de cidadãos; plenos poderes da assembleia do povo. Veremos adiante como isso se manifesta.

Outra ideia básica do debate era a de que os pobres, sendo praticamente excluídos do serviço militar, tornavam-se quase inúteis para o Estado. Lembrando o problema da potência militar e a própria segurança de Roma, exigia-se dos ricos que detinham as terras públicas um sacrifício em nome do interesse geral. Evidentemente, por "interesse geral" entendia-se a manutenção do *statu quo*, das instituições republicanas e do governo senatorial.

Os adversários da lei agrária retrucavam recorrendo ao mesmo princípio de equidade. Perguntavam se seria justo privá-los de terras que detinham há tanto tempo, que haviam cultivado, nas quais haviam plantado árvores, construído casas; terras que haviam recebido de seus pais, nas quais se encontravam os túmulos de seus antepassados, terras que haviam doado às filhas como dote ou servido como fiança de empréstimos. Argumentavam que neste caso a aplicação formal da lei – *jus* – podia implicar a própria negação da justiça em seu sentido mais amplo.

Os proprietários detentores do *ager publicus* chegaram finalmente à acusação mais séria: Tibério ao propor uma divisão de terras pretendia subverter e abalar o Estado.

A lei agrária assumia dimensões maiores que uma simples medida para resolver a crise do recrutamento militar. Suas implicações sociais, políticas e ideológicas eram mais profundas.

O esforço restaurador do modelo sócio-econômico e ético do camponês-soldado, considerado o responsável pelo triunfo e grandeza da República romana, não era viável. Os reformadores propunham medidas que contrariavam a nova realidade de uma cidade que se tornara hegemônica, o centro de um império.

Observando a distância, no tempo, podemos constatar que a nova organização escravista fundada na produção para o comércio estava mais adequada à nova realidade imperial. A emergência de novos grupos sociais e novos interesses colocava as instituições republicanas em crise, na medida em que não ofereciam oportunidade para que aqueles se manifestassem.

Outro aspecto que os defensores da reforma procuravam ressaltar era a insegurança provocada pelo aumento do número de escravos. Em 133 era ainda muito viva a lembrança da revolta dos escravos que sacudira a Sicília e que estava sendo dominada com muita dificuldade após dois anos de campanha militar. Argumentava-se que os escravos eram duplamente perigosos: eram inúteis em caso de guerra, pois não podiam ser convocados (ao contrário do proprietário livre que podia ser recrutado em situação de extrema emergência); além disso, havia sempre a ameaça dos levantes.

Transparece claramente a ideologia da cidade antiga que considera fora de discussão a divisão da cidade em homens livres e escravos, bem como a superioridade dos primeiros:

> Tibério ... criticou os escravos; falou de sua inutilidade militar; da sua perpétua infidelidade aos senhores; expôs o que ocorrera recentemente na Sicília aos proprietários desta região por parte de seus escravos, cujo número crescera muito devido às exigências do trabalho no campo; recordou que a guerra travada pelos romanos contra os rebeldes não fora fácil nem curta...
>
> (APIANO, *Guerras civis*, I, 9)

> Perguntou se aquele que servia no exército da República não era mais útil que aquele que dele estava excluído; se aquele que estava ligado ao interesse público não era mais devotado que alguém sem nenhuma participação nele.
>
> (APIANO, *Guerras civis*, I, 11).

Parece que o desenvolvimento do latifúndio baseado na utilização de verdadeiras massas de escravos tendeu a declinar. Embora a concentração da propriedade continue e mesmo se acentue na época imperial, procurou-se organizar de outras formas a mão-de-obra dos grandes domínios. É significativo que as grandes insurreições de escravos não se repitam mais após o levante liderado por Espártaco em 73, o qual marcou o fim das grandes guerras servis.

Note-se a superioridade da forma de organização da *villa*, com a exploração intensiva de um número relativamente reduzido de escravos.

O projeto de Tibério Graco limitava o direito de *possessio* sobre as terras públicas. Estabelecia que cada indivíduo poderia ocupar no máximo 500 jeiras (125 hectares) do *ager publicus*. Cada pai de família poderia receber mais 250 jeiras por filho; a extensão total permitida seria no máximo de 1000 jeiras (250 hectares).

A parte excedente a este limite seria devolvida ao Estado; as terras assim recuperadas seriam divididas em pequenos lotes e distribuídas aos cidadãos pobres. Seriam inalienáveis, o que constituía uma novidade. Os beneficiários deviam pagar um pequeno imposto, o *vectigal*, uma taxa anual sobre a terra. Não sabemos com certeza a extensão dos lotes distribuídos; crê-se que seriam no máximo 7,5 hectares (30 jeiras).

Como compensação aos expropriados, a terra pública que eles tinham direito legal de reter era transformada em propriedade privada.

Havia, portanto, uma série de garantias, tanto para os ocupantes ricos, que conservariam áreas consideráveis, quanto para os proletários, impedidos de vender suas parcelas, evitando-se assim a volta à situação anterior.

Além de moderada, a proposta de reforma agrária inseria-se na tradição romana do uso do *ager publicus*; amparava-se, inclusive, na legislação preexistente.

O povo afluiu em massa do campo para Roma a fim de expressar seu apoio. Deviam ser inquilinos, que esperavam obter a propriedade da terra, pequenos proprietários que desejavam impedir que seus filhos se tornassem proletários; também os trabalhadores livres que haviam se urbanizado podiam estar interessados. Plutarco menciona a pressão popular sobre Tibério: "O próprio povo cobriu os muros e monumentos com inscrições, instigando-o a fazer entregar aos pobres as terras públicas".

Analisando os textos de Apiano e Plutarco, conclui-se que a maior interessada na lei agrária era a população rural e não a urbana. Aqueles que habitavam a cidade há muito tempo já não tinham mais interesse nem aptidão pelo trabalho no campo. Seria errado supor que o projeto de lei agrária de Tibério se destinasse à população urbanizada ou que esta a acolhesse com entusiasmo. O principal apoio à reforma vinha mesmo da plebe rural.

Desde o século IV, a cidade de Roma tornara-se um centro econômico considerável, com atividades comerciais, portuárias e mesmo artesanais importantes; com uma população numerosa e em crescimento, ela não poderia subsistir sem esta atividade econômica intensa. A vida urbana centrada na produção artesanal, na construção e nas trocas implicava a existência de variadas especializações profissionais, que se localizavam ao longo da escala social. No alto, os *negotiatores* e banqueiros (*argentarii*) ligados ao grande comércio e às finanças, passando para uma camada média de artesãos e comerciantes mais modestos (*tabernarii*). Estas camadas se caracterizavam por certa especialização, por possuir uma técnica e os instrumentos de produção.

Abaixo, dentro ainda da massa de cidadãos, havia o que se pode chamar de um proletariado (no sentido etimológico): homens livres, que nada possuindo, viviam unicamente de seu trabalho ou mesmo de trabalhos ocasionais auxiliados por "donativos" privados ou públicos. Além do trabalho escravo, as diferentes atividades econômicas – particularmente a construção de grandes obras – empregavam também a mão-de-obra livre, permitindo sustentar esta *infima plebs*. Calcula-se que o desnível social era imenso: uma renda anual de 400 a 800 sestércios do proletário contrastava com os 100 000 sestércios anuais do senador mais modesto. O salário de um trabalhador livre o colocava no limite da simples subsistência.

Do ponto de vista social, a plebe rural comportava camadas equivalentes às encontradas na cidade. No alto, os extremamente ricos ou grandes proprietários (senadores e cavaleiros); em seguida, uma hierarquia de médios e pequenos proprietários. Na Itália rural havia ainda uma mão-de-obra livre sem terras: arrendatários, trabalhadores assalariados temporários ou em tempo integral, trabalhando individualmente ou em grupos para agenciadores de mão-de-obra. O êxodo rural em direção às cidades era provavelmente alimentado por esta camada. Apesar do fluxo para a cidade, os campos ainda continham, mesmo no século I, uma população rural livre sem recursos e com um nível de vida muito baixo. Diodoro da Sicília, o historiador dos levantes servis, assinala que homens livres, pequenos camponeses e proletariado urbano aproveitaram as desordens durante as rebeliões de escravos, embora sem se unir propriamente aos movimentos.

A oposição à reforma agrária era formada pelo numeroso grupo daqueles que ocupavam o *ager publicus* ilegalmente. Apiano refere-se ao descontentamento dos ricos que "por toda parte se reuniam em grupos", temendo serem expropriados. Sem dúvida os itálicos ricos que exploravam em larga escala as terras públicas se encontravam entre os opositores da lei. Conseguiram o apoio de personagens influentes, inclusive dentro do Senado. Apiano relata:

> Em toda parte, a multidão que pretendia ter direito às terras conquistadas estava em aberto conflito com os *possessores* que temiam ser espoliados. Ambos os grupos, encorajados pelo seu número, exasperados, provocavam contínuos distúrbios, à espera do dia da votação da lei.

A arma usada pela oposição contra a lei foi o veto: um outro tribuno da plebe, Otávio, vetou a proposta. Ora, bastava a oposição de um só tribuno para que fosse rejeitada a decisão da maioria.

Tornava-se claro que os meios de ação de Tibério eram muito limitados. Com a duração de apenas um ano, não sendo permitida a reeleição para o cargo e sujeito ao veto de um colega, o tribunado da plebe expunha Tibério ao fracasso político. Ao deixar o cargo, ele perderia também a imunidade que o protegia.

Pressionado, Tibério reagiu com atitudes que deram aos seus adversários a oportunidade de atacá-lo como subversivo. Ele recorreu à concepção, completamente nova no Estado romano, da soberania absoluta da assembléia popular; esta concepção provinha do mundo da democracia ateniense.

Além da assembleia popular organizada por centúrias, havia em Roma outra assembleia também formada por todos os cidadãos: os comícios por tribos. Os censores inscreviam os cidadãos em uma das 35 tribos: 31 rurais e 4 urbanas. Em geral cada cidadão pertencia à tribo de seu pai, embora não houvesse correspondência absoluta entre a residência, a origem e a localização das propriedades do cidadão e a tribo na qual estava inscrito.

O que contava nesta assembleia não era o voto individual, mas a decisão da maioria das unidades de voto, isto é, de 18 tribos sobre o total de 35 – cada tribo tinha direito a um voto, embora no interior de cada uma delas o que valia era o voto individual.

Os comícios por tribo tinham função eleitoral, pois elegiam, além dos magistrados inferiores, os tribunos da plebe. Sua competência era também legislativa; votavam as leis propostas pelos tribunos da plebe. Esta se tornou sua atividade essencial no final da República; a partir de 218, a maioria das leis foi votada pelas tribos.

Chamadas a se manifestar, as tribos votavam sucessivamente; atingida a maioria de 18 votos, as outras provavelmente nem mesmo eram chamadas a votar. Este procedimento deu lugar a cenas dramáticas como a da votação da lei Semprônia demitindo Otávio de seu tribunado. Quando faltava apenas o voto de uma tribo para obter a maioria necessária à aprovação da lei, Tibério suspendeu a votação e pediu insistentemente a Otávio que não o obrigasse a tomar uma medida tão grave. Plutarco diz que Otávio, intimidado pelos ricos e proprietários reunidos em massa em torno da tribuna, recusou-se a atendê-lo. A lei foi votada, depondo Otávio, o qual teve de ser retirado da Assembleia protegido da multidão por uma barreira formada pelos braços estendidos dos ricos.

Este acontecimento era sem precedentes em Roma: sempre se respeitara a inviolabilidade dos tribunos da plebe. Tibério defendeu-se, perante o povo, com um longo discurso: "Não é justo que um tribuno que trai o povo conserve uma inviolabilidade da qual foi investido pelo povo". Prosseguiu afirmando que um tribuno podia ser deposto pela vontade popular, pois sua autoridade lhe fora conferida pelo sufrágio popular (PLUTARCO, *Tibério*, XV). Tal tese não tinha nenhum fundamento na tradição política romana.

Em seguida à deposição de Otávio, a lei agrária foi aprovada pela assembleia dos cidadãos. Foi eleita uma comissão de três membros, encarregada da recuperação, transferência e distribuição de terras. Recebeu competência judiciária para decidir sobre os litígios – decisão se a terra era pública ou privada, demarcação de limites, exame dos títulos de propriedade. A primeira comissão era composta por Tibério, seu irmão Caio e seu sogro, Ápio Cláudio.

Átalo III, último rei de Pérgamo - na parte ocidental da Ásia Menor – deixou Roma como a herdeira de seus bens pessoais e de seu reino. Tibério fez aprovar uma lei destinando o tesouro real aos cidadãos beneficiados com a distribuição de terras, a fim de que pudessem enfrentar as despesas iniciais de sua instalação. Reservava também ao povo o direito de decidir como seria administrado este reino por Roma. Este ato constituía uma séria ingerência nas áreas de estrita competência do Senado: política externa, finanças e defesa.

A invasão do setor de política externa provocou o afastamento de senadores que até então haviam apoiado Tibério Graco, pois na opinião deles a constituição romana estava sendo ameaçada. Os adversários aproveitaram para apresentá-lo como um subversivo que aspirava ao poder real.

Diante das ameaças dos aristocratas organizados contra ele, seus amigos acharam que Tibério devia apresentar sua candidatura a um segundo tribunado. A reeleição para este cargo era contra a praxe constitucional; o jurista Cévola pronunciou-se contra a reelegibilidade dos tribunos da plebe.

Apelando para a ideia de soberania da assembleia popular, Tibério ousou fazer depor seu colega Otávio, reapresentar-se como candidato (contra o costume tradicional) e entregar ao povo e não ao Senado a decisão sobre o reino de Pérgamo. Explodiam assim as contradições latentes na organização política romana, cuja discussão o Senado não podia nem queria aceitar.

A carga revolucionária da legislação agrária emergiu. O trabalho da comissão triunviral desenvolvia-se com dificuldade devido ao encargo de julgar os inúmeros casos de litígio, pois o Estado nunca controlara rigorosamente o registro do *ager publicus*.

Na época da conquista, os itálicos que pertenciam às cidades submetidas por Roma tinham sofrido expropiações, mas lhes tinha sido permitido continuar ocupando suas terras (transformadas em *ager publicus*) como inquilinos. Por outro lado, as camadas municipais ricas da Itália também haviam sido favorecidas participando da ocupação de terras públicas. Esses itálicos, portanto, enfrentavam o risco de perder as terras ocupadas; já os proletários itálicos, por não terem o direito de cidadania romana, talvez nem fossem beneficiados pelas distribuições previstas pela lei de Tibério.

A oposição aproveitou o descontentamento destes itálicos para atacar Tibério, deixando-o sem apoio político.

Na verdade, era muito difícil para um tribuno da plebe lutar contra o próprio Senado, dentro de um governo senatorial. Devido às condições da vida política na época, o apoio popular a Tibério revelou-se uma base muito fraca para sustentá-lo.

Grande parte dos adeptos de Tibério morava no campo, deixando Roma após a aprovação da lei agrária e retornando às suas atividades. As eleições para o tribunado eram feitas na época da colheita e não se podia contar com o regresso dos camponeses que estariam então muito ocupados com os trabalhos agrícolas.

Finalmente, em um clima de extrema tensão, chegou o dia da reunião dos comícios, isto é, da assembleia popular para a eleição. Quando se começou a proclamar o resultado do escrutínio, a legalidade da candidatura foi contestada. Irrompeu um tumulto e a assembleia foi adiada para o dia seguinte, quando os dois grupos entraram em choque.

O Senado, reunido nas proximidades, aguardava o momento para intervir. Quando os inimigos de Tibério vieram informar ao Senado que ele havia levado a mão à cabeça para indicar que desejava a coroa (PLUTARCO, *Tibério*, XIX) e espalhou-se o boato de que ele expulsara os outros tribunos, que desejava fazer-se proclamar tribuno sem eleição (APIANO, *Guerras civis*, 15), não houve a preocupação em verificar se essas notícias eram verdadeiras. Um grupo de senadores propôs que se apelasse para a violência; o cônsul Múcio Cévola se recusou a ordenar a morte de um cidadão sem julgamento. Apesar disso, uma facção de senadores liderada por Cipião Nasica, primo de Tibério, irrompeu para fora da cúria, a sede do Senado. Uma multidão de senadores e cavaleiros, acompanhados por seus clientes e escravos, invadiu o local dos comícios no Capitólio. A plebe não ousou opôr-se, abrindo passagem. Foi um massacre, no qual Tibério e inúmeros partidários foram mortos.

Tratava-se de um verdadeiro assassinato, mas os cônsules de 132 deram validade ao ato, desencadeando a repressão contra os gracanos. A acusação mais grave contra Tibério era a de conduta inconstitucional. É significativo, no entanto, que o Senado não ousasse anular a lei agrária. Cipião Nasica, embora livre de qualquer acusação, terminou por deixar prudentemente a Itália.

A comissão agrária, sempre composta por gracanos, prosseguiu com suas atividades. Caio Graco continuou a fazer parte dela, junto com Ápio Cláudio e Licínio Crasso. Não temos dados para calcular os resultados da lei agrária. Cipos, ou seja, os marcos de pedra contendo os nomes dos membros da comissão, foram colocados em terras demarcadas; alguns deles foram encontrados, atestando a atividade de demarcação de lotes no centro e sul da Itália, bem como no Piceno.

Embora a lei agrária continuasse em vigor, seus adversários agiram para esvaziá-la. A enorme dificuldade de sua aplicação favorecia as manobras nesse sentido; o julgamento dos litígios sobre propriedade era complicado. O problema tornava-se ainda mais delicado porque parte do *ager publicus* encontrava-se nas mãos dos aliados, tanto individualmente quanto de cidades da federação itálica.

Os ricos *possessores* itálicos defenderam seus interesses declarando oficialmente, em nome das cidades que controlavam, que os tratados bilaterais com Roma estariam sendo violados caso fossem privados das terras públicas que ultrapassavam o limite legal. Cipião Emiliano, um dos senadores mais influentes e que retornara a Roma após a morte de Tibério, endossou a causa dos itálicos; como comandante militar conhecia a importância da contribuição das tropas aliadas itálicas e não queria comprometer esse apoio.

Outra manobra eficaz foi retirar da comissão agrária o poder de julgar os casos litigiosos; esta função foi transferida para um dos cônsules que convenientemente ausentou-se de Roma, paralisando o andamento de todas as causas em pendência.

A intervenção de Cipião Emiliano provocou vivíssimas discussões no Senado. A sua morte repentina, na véspera de um pronunciamento no Senado sobre a lei agrária e os itálicos, veio liberar os gracanos de um dos seus maiores opositores.

O movimento gracano permanecia ativo e conseguiu eleger Fúlvio Flaco para o consulado de 125. Ele já fizera parte da comissão agrária e tentou induzir os *possessores* itálicos a restituir as terras públicas que ocupavam ilegalmente em troca da concessão da cidadania romana. Parece que a proposta foi bem acolhida por eles, mas o Senado recusou a aprovação.

Ampliação das reformas: Caio Graco

Os gracanos conseguiram eleger Caio, o irmão mais novo de Tibério, como tribuno da plebe para o ano de 123. Formado pelos longos anos de luta contra os adversários, ele compreendeu que apenas o apoio da plebe rural não era suficiente. A morte do irmão o demonstrara claramente.

Para resolver a crise social era necessário quebrar o domínio do governo pela aristocracia senatorial. Caio procurou articular as forças potencialmente hostis ao Senado e que podiam ser valiosos aliados: a plebe urbana, os cavaleiros e os aliados itálicos.

Provavelmente um dos primeiros atos de Caio foi obter uma lei declarando que nenhum cidadão podia ser condenado à morte sem ordem do povo.

Infringir esta lei era um crime capital; como o efeito era retroativo, o cônsul, que estava no cargo quando seu irmão Tibério fora morto, foi obrigado a exilar-se para fugir à condenação.

Uma nova lei permitia a reeleição para o tribunado da plebe; isto derrubava um dos grandes obstáculos enfrentados por Tibério. Os adversários de Caio não conseguiram evitar sua reeleição para o ano seguinte (em 122).

É difícil estabelecer a ordem cronológica entre as várias leis de Caio e definir quais são do primeiro e quais são do segundo tribunado. Elas formam, no entanto, um conjunto bastante coerente.

Caio fez votar uma lei em virtude da qual o Estado distribuía mensalmente trigo para os cidadãos romanos, a preço fixo e mais baixo que o de mercado. A medida favorecia exclusivamente aqueles que residiam na cidade de Roma. Caio aliviava a miséria da plebe urbana, habituada até então a depender de subsídios e doações das grandes famílias nobres. Tentava assim obter o apoio popular, enfraquecendo os laços de clientelismo com a aristocracia.

Apesar da persistência da ideologia do "cidadão camponês-soldado" tradicional, desde fins do século III os habitantes da cidade tornaram-se privilegiados graças à criação de mecanismos oficiais de transferência de recursos em favor dos mais pobres:

distribuição a baixo preço (e posteriormente gratuito) de produtos de primeira necessidade e oferecimento de espetáculos. A explicação é que Roma não era apenas um centro comercial ou artesanal, mas essencialmente o centro político. As decisões dependiam em parte da plebe urbana. Os homens públicos para ganhar seu apoio precisavam cultivar a *popularitas*. Daí as isenções fiscais e distribuições de alimentos ou dinheiro.

Roma, neste aspecto, não é diferente da maioria das cidades helenísticas onde funcionavam esses mecanismos de compensação, baseados no princípio do pensamento político grego de que era direito do cidadão beneficiar-se dos fundos públicos.

Para financiar essas despesas, Roma dispunha dos fundos fornecidos pela exploração das províncias. As medidas tomadas pelo Estado em benefício dos pobres da capital implicavam sempre na existência de um império capaz de fornecer os recursos para tanto.

Todo homem politicamente influente dispunha de uma vasta clientela, que formava sua base eleitoral. Os pobres, pela sua massa, não eram negligenciados, pois podiam ter influência em certas instâncias políticas, como nos comícios por tribos. Os adversários de Caio Graco não perderam a oportunidade para acusá-lo de esvaziar os cofres públicos a fim de obter popularidade.

Estava ocorrendo a transferência da clientela, que tradicionalmente pertencia às ricas famílias da aristocracia senatorial, para as mãos de um chefe "popular" (embora de origem aristocrática também). Mais tarde, o imperador é que se tornaria o "patrão" da plebe de Roma.

Caio empreendeu ainda um programa de obras públicas, com a construção de celeiros destinados a armazenar o excedente de colheitas compradas a baixo preço. As fontes historiográficas referem-se também à abertura de novas estradas, mas nem a arqueologia nem a epigrafia o confirmam: nenhuma estrada pode ser atribuída a Caio ou a seus amigos.

Mencionamos acima os cavaleiros. Quem eram eles, os chamados *equites*?

Na primeira classe de cidadãos mobilizáveis ocorria uma divisão entre aqueles que serviam na infantaria e os outros considerados aptos a servir na cavalaria. A distinção era feita tendo por base o censo – ainda no século II foi estipulada uma soma específica de 400.000 sestércios, o que representava dez vezes o valor da fortuna exigida para que o cidadão fosse incluído na primeira classe. Mas o fato de possuir a qualificação censitária não era suficiente para ser incluído no serviço da cavalaria: as fontes falam que só os "melhores" eram recrutados. Os libertos, por exemplo, estavam excluídos. Os *equites* assim selecionados tinham também um lugar especial nas assembléias por centúrias, sendo agrupados nas dezoito unidades equestres, que eram as primeiras a serem chamadas a votar.

Esta camada tendia a fechar-se em uma "ordem", a exemplo do que ocorria com os senadores. O termo "ordem" era aplicado a um grupo oficialmente reconhecido pelos censores, que inseriam nominalmente os indivíduos que a compunham. Dotada de um estatuto jurídico que lhe assegurava o exercício de determinadas funções, a ordem estava sob o controle do Estado, tendo em vista o desempenho destas funções. A partir do século II manifesta-se também certa tendência à hereditariedade no referente aos indivíduos pertencentes ao grupo.

A ordem senatorial e a ordem equestre eram as mais elevadas, as primeiras da sociedade romana. O Senado era composto por cerca de trezentos indivíduos. A ordem senatorial reunia os membros desta assembleia, formando uma lista organizada pelos censores; na linguagem cotidiana, nela se incluíam também os filhos dos senadores.

A ordem equestre era bem mais ampla; não devemos confundi-la com todos aqueles que simplesmente serviam na cavalaria. O efetivo dos cidadãos que tinham direito ao título de cavaleiro era de cerca de 2.500 indivíduos até o final do século II. Este número reduzido demonstra a existência de uma seleção rigorosa, baseada na fortuna, na "dignidade" e na hereditariedade.

A ordem equestre era um grupo socialmente só inferior ao das famílias senatoriais. O Senado recrutava-se na ordem equestre: quando se abriam claros, eram preenchidos por cavaleiros. A via normal de acesso ao Senado era por intermédio de eleição para uma magistratura superior, o consulado, por exemplo. A entrada de "homens novos" oriundos de famílias não senatoriais e que deste modo ascendiam à ordem senatorial ligava-se, na maioria dos casos, a cavaleiros que resolviam seguir a carreira política das magistraturas (Catão é um exemplo disso).

As duas ordens podiam ser encaradas como um todo. Os cavaleiros participavam da ideologia da classe dominante; muitos eram aparentados com senadores, casando-se com elementos de famílias senatoriais; tinham em comum o fato de serem os mais ricos, a mesma qualificação censitária e a mesma base econômica. As diferenças que os distinguiam resultaram da especialização das duas ordens, das incompatibilidades e proibições legais que se criaram.

Os senadores estavam ligados ao exercício das magistraturas. A ideologia cívica dominante expressava-se na concepção que os antigos tinham do cidadão suficientemente rico para dispor do "ócio" para se consagrar exclusivamente aos negócios públicos. A *lex Claudia* de 218 proibia aos senadores possuir navios com capacidade superior à necessária para transportar os produtos de suas propriedades. Senadores não podiam ser armadores, comerciantes ou banqueiros. Outra medida do mesmo gênero proibia a participação deles nos arrendamentos praticados pelo Estado para o recebimento de taxas e construção de obras públicas. O senador que participasse de concorrência pública para obter contratos com o Estado seria passível de processo.

Esta proibição era razoável: os senadores organizavam as adjudicações públicas e o Estado não permitia que fossem também a parte interessada.

Nenhuma proibição legal atingia os cavaleiros. Os leilões eram abertos a todos que não fossem senadores: os cavaleiros, particulares ricos e até libertos podiam participar. Os contratos eram arrematados pela melhor oferta durante os leilões efetuados a cada cinco anos pelos censores. Os principais detentores dos contratos, os chamados publicanos, eram não-senadores. Certas famílias da ordem equestre preferiam se especializar nessa atividade.

Na opinião de Cícero, os cavaleiros mais importantes, a "nata" da ordem equestre, eram os publicanos. Estes arrendavam do Estado a exploração das ricas minas espanholas, a arrecadação de taxas alfandegárias na Itália e em outros locais. Além disso, obtinham contratos para o fornecimento militar e para a construção de obras públicas.

Dadas as enormes somas envolvidas, o Estado tomava inúmeras precauções, exigindo dos arrematantes dos contratos o depósito de fiança para garantir o recebimento dos seus fundos. Os censores davam preferência aos cavaleiros para a participação nas sociedades que se organizavam para a arrematação da cobrança dos impostos: eles eram ricos, sua fortuna mínima os colocava na faixa mais alta do censo, estavam inscritos em uma lista oficial e eram publicamente reconhecidos. Isto explica porque desde o século II os publicanos mais importantes eram da ordem equestre.

Se nem todos os publicanos eram cavaleiros, nem todos os cavaleiros eram publicanos. Alguns se dedicavam a outro ramo de atividades: eram banqueiros, usurários e comerciantes. Muitos eram simplesmente proprietários rurais.

A fortuna de senadores e cavaleiros devia consistir principalmente em terras. A predominância absoluta da propriedade fundiária nas classes dirigentes é compreensível em uma economia essencialmente agrária como era a romana. A terra era supervalorizada, inclusive como sendo capaz de emprestar "dignidade" ao proprietário. Também era um investimento seguro em uma época de flutuação monetária. Evitava-se alienar o patrimônio fundiário. Além disso, a agricultura era lucrativa, como se deduz das obras dos agrônomos latinos.

A grande massa de senadores e cavaleiros acumulava patrimônio em terras de alguns milhares de jeiras e no valor de alguns milhões de sestércios.

Aliás, os senadores também praticavam eventualmente a usura; emprestavam e pediam empréstimos, em Roma e nas províncias, tanto a indivíduos como às coletividades. Mas o faziam ilegalmente, através de intermediários, pois esta atividade, *negotiari*, lhes era vedada pela lei Cláudia.

Afirmar que o Senado representaria a riqueza fundiária e os cavaleiros a riqueza mobiliária, comercial e financeira, não corresponde à realidade.

Os cavaleiros foram comumente representados por historiadores modernos como comerciantes, "homens de negócios", a "burguesia". Ora, após uma exaustiva pesquisa de Claude Nicolet sobre a ordem eqüestre, publicada em 1966-1974, torna-se impossível endossar tal ponto de vista.

Explicar os conflitos que surgiram no século II entre o Senado e as sociedades de publicanos em termos de oposição entre uma "aristocracia" senatorial, essencialmente fundiária, e uma "burguesia" equestre, com vocação financeira ou "capitalista", não tem sentido.

Aspirações políticas e interesses econômicos específicos podiam induzir os cavaleiros a opôr-se à nobreza senatorial e aliar-se aos reformadores sociais em certas ocasiões. Isto não significa que apoiassem as reivindicações dos pobres. Eram proprietários de terras e credores, nunca sem-terra ou devedores. Não pretendiam derrubar o poder do Senado, mas ascender socialmente, entrando para a ordem senatorial ou, pelo menos, partilhar com a nobreza as vantagens oferecidas pela expansão imperialista. Acima de tudo, desejavam que a ordem e o direito de propriedade fossem preservados.

O ponto de atrito ocorria na área dos contratos de serviço estatais, controlados pelos magistrados senatoriais. Há notícias de confronto entre estes e as companhias de publicanos: o Senado defendia os interesses do erário público e dos contribuintes provinciais (cuja prosperidade era necessária a Roma), contra a voracidade excessiva dos publicanos.

Se o Senado dava tanta atenção às queixas contra os publicanos, tendia a ser muito mais complacente quando os abusos eram cometidos pelos próprios senadores. Não eram raros os desvios de fundos públicos e as extorsões cometidas por generais e governadores romanos (todos eles senadores) contra os provinciais.

Em 149, fora organizado um tribunal permanente para julgar os crimes de extorsão. Os júris que julgavam os processos envolvendo governadores de província acusados de concussão eram compostos por senadores. Estes eram muito parciais ou venais, favorecendo os membros de sua própria ordem. Era muito difícil para os provinciais conseguirem uma sentença favorável ao se queixarem dos abusos de um governador diante de um tribunal composto por colegas do magistrado.

Caio Graco favoreceu os cavaleiros transferindo os júris dos tribunais permanentes para o controle dos *equites*, dando a estes um instrumento de pressão sobre o Senado.

Os cavaleiros foram beneficiados com mais outra lei. O reino de Pérgamo fora incorporado como a província da Ásia; era a mais rica propriedade de Roma. Não havendo uma administração estatal para a arrecadação de tributos, Caio concedeu às companhias de publicanos, em condições vantajosas, a tarefa de receber os impostos desta província.

Esta solução não era uma novidade, sendo conhecidas as injustiças e a exploração a que ficavam sujeitos os provinciais dentro de tal sistema. A medida permitia, no entanto, que Caio financiasse seu programa social. Além disso, garantia-lhe o apoio dos cavaleiros mais ricos: a porcentagem legal sobre o imposto arrecadado mais os ganhos ilícitos das extorsões contra as províncias proporcionavam enormes lucros aos publicanos.

Os cavaleiros, que estavam interessados nas atividades financeiras e nos contratos, se aliariam a qualquer um que lhes assegurasse tais interesses e os colocasse fora do controle dos senadores.

Caio cometeu, no entanto, um sério engano. A aliança entre um tribuno de linha popular e os cavaleiros não era sólida. Uma vez garantidos seus interesses imediatos, os cavaleiros voltaram à defesa da ordem estabelecida. No momento decisivo, uniram-se aos senadores contra o movimento gracano.

As estruturas institucionais da cidade-Estado mostravam-se inadequadas para permitir a representação dos interesses de grupos socialmente importantes: não só os *equites*, mas também os itálicos.

Caio continuou seu programa político, propondo a concessão da cidadania romana a todos os cidadãos de direito latino e concedendo este último aos aliados itálicos. Com isso, diminuiria a oposição deles à reforma agrária, pois seriam compensados com vantagens políticas.

Caio deve ter feito outra lei agrária substituindo a do irmão sem introduzir nenhum princípio novo; provavelmente apenas incorporava emendas sugeridas pela experiência.

Desenvolveu uma política de fundação de colônias não só na Itália, mas também nas províncias. Uma delas seria instalada no local em que se situara Cartago, cidade arrasada pelos romanos em 146. Localizada na costa setentrional da África, sua posição geográfica favorecera o seu desenvolvimento como porto comercial; sua frota dominara a bacia ocidental do Mediterrâneo até ser destruída por Roma. Pode ser que esta colônia não fosse destinada apenas a camponeses pobres, mas a pessoas de certa disponibilidade econômica: previa-se a distribuição de lotes de até 200 jeiras, o que requeria mão-de-obra superior à de um lavrador e sua família.

Assim, a colonização era reiniciada, mas não no sentido tradicional; superava a própria condição de cidade-Estado. Daí em diante os cidadãos poderiam habitar longe de Roma e seus direitos políticos tornar-se-iam puramente formais – a distância impediria o comparecimento às assembleias que tinham lugar em Roma.

A ideia de criar estabelecimentos romanos no ultramar era uma inovação; César desenvolveu mais tarde esse sistema, que alcançou no Império sua máxima expressão.

A exclusão de jovens menores de dezoito anos da lista de recrutamento para o exército e a obrigação do Estado de pagar o equipamento do soldado foram outras duas medidas em favor da plebe rural, em cujas fileiras se recrutava a maioria dos legionários.

A preocupação de Caio com a colonização e o exército revela a importância destas instituições para a estrutura do poder.

A REAÇÃO SENATORIAL

A nobreza encontrava-se dividida: uma das partes era favorável a mudanças, usando o tribunado da plebe e a assembleia popular como armas. Propunham medidas "populares" tais como as leis agrárias e distribuições gratuitas de cereais. A adesão da massa a estes líderes manifestava-se essencialmente por meio do voto nas assembleias ou em manifestações nas ruas.

A oposição aos políticos "populares" era favorável à manutenção do predomínio do Senado. Este grupo resolveu combater o movimento gracano usando as próprias armas dos "populares". Um tribuno da plebe da parte senatorial, Marco Lívio Druso, contra-atacou o projeto de colonização de Caio com outra proposta, mais generosa, de fundação de doze novas colônias na Itália (as quais muito provavelmente jamais foram fundadas).

Caio Fânio, um ex-gracano que se elegera cônsul com o apoio de Caio Graco, afastou-se deste; passou a instigar a plebe urbana, afirmando que se os itálicos recebessem a cidadania, teria de dividir com eles os privilégios reservados aos cidadãos de Roma, desde os lugares nos espetáculos até a participação nas assembleias. A proposta de Caio Graco a respeito deste assunto não passou: foi vetada ou retirada.

A estratégia dos adversários de Caio Graco era retirar-lhe o apoio popular. Ao apresentar-se como candidato a um terceiro tribunado (o de 121), ele não foi reeleito. A plebe urbana, pouco interessada nos problemas do proletariado rural e facilmente manobrada pelas lideranças aristocráticas, mas ainda capaz de influir na eleição de um magistrado, o abandonou.

Ambas as partes usaram meios para manipular a multidão. Caio Graco fora pessoalmente a Cartago para dirigir a fundação da colônia: o fato de ter escolhido um lugar solenemente amaldiçoado por ocasião da destruição da cidade provocava temores supersticiosos, que foram habilmente explorados pelos seus inimigos.

Acusado de ser riquíssimo, Caio Graco transferiu sua residência do Palatino para o *Forum*, alegando ser mais democrático morar em uma área onde vivia a população de baixa condição. Ordenou que retirassem os tablados construídos em volta do *Forum* para que o povo pudesse assistir sem pagar aos combates de gladiadores que aí teriam lugar.

O Senado convocou uma assembleia do povo propondo a revogação da lei relativa à fundação da colônia de Cartago. Os gracanos tentaram se opor, recorrendo às armas. Os primeiros choques sangrentos se deram no dia da reunião dos comícios. O Senado considerou chegado o momento para agir. Reunido na cúria, ordenou ao cônsul Opímio para "defender a República". Agindo rapidamente, este convidou senadores e cavaleiros a se apresentarem armados ao Capitólio para salvar as instituições do Estado.

Recorria-se pela primeira vez ao *senatus consultum ultimum*: o Senado concedia plenos poderes ao cônsul para reprimir a sedição; era declaração da lei marcial, suspendendo as garantias do cidadão frente ao poder militar do magistrado.

Caio e seus partidários retiraram-se para o Aventino, uma das colinas de Roma, procurando negociar uma rendição. No dia seguinte o cônsul ordenou o ataque. Tentando a fuga e em vias de cair nas mãos de seus inimigos, Caio fez-se matar por um seu escravo. Fúlvio Flaco também foi morto. Seguiu-se uma violenta repressão, em uma onda de prisões, processos e exílios.

A ação do cônsul baseava-se em um procedimento constitucional duvidoso, pois contrariava a recente lei garantindo o direito do cidadão a julgamento. A suspensão das garantias legais do cidadão em nome da segurança do Estado não fazia parte da tradição de Roma. O cônsul foi chamado em juízo perante a assembleia das centúrias, mas foi absolvido; as camadas superiores, inclusive os *equites*, não esqueciam o ataque de Caio à ordem pública e aceitaram a defesa de Opímio.

A neutralização das reformas

A lei agrária nunca foi revogada, mas foi sendo modificada em etapas sucessivas; Apiano descreve brevemente três leis que lhe alteraram o alcance, demolindo a reforma agrária dos Graco.

Os lotes distribuídos eram inalienáveis; esta precaução destinava-se a proteger a pequena propriedade. O primeiro passo contra a reforma foi abolir esse vínculo; os ricos puderam então expulsar os camponeses comprando seus pequenos lotes. Uma segunda lei proibiu novas distribuições de terras; a maior parte do *ager publicus* consistia de terras ocupadas e estas eram deixadas aos que detinham sua posse desde a lei de Tibério; mas os ocupantes ficavam obrigados a pagar um imposto cujo rendimento seria destinado às distribuições de trigo à plebe. Finalmente, o último passo: este imposto foi suprimido, declarando-se propriedade privada as terras já distribuídas e as ocupadas.

Apenas as terras que não estavam ocupadas continuavam sendo consideradas *ager publicus*; este foi liberado para o uso como pastagem; com o tempo, provavelmente terminou sendo cercado ilegalmente e apropriado pelos ricos.

Apiano conclui o seu relato afirmando que no final os pobres perderam tudo e ficaram reduzidos à desocupação. Em 107 quando Mário, um "homem novo" que se elegera cônsul, precisou recrutar um exército para a guerra na África do Norte, havia tal escassez de cidadãos *assidui* que decidiu permitir o alistamento dos proletários. Esta foi uma mudança fundamental na história romana.

A CONSOLIDAÇÃO DO PODER MILITAR

A reforma militar de Mário era a oficialização de uma realidade – a proletarização da sociedade romana. O exército passou a ser composto quase que totalmente por cidadãos sem terra, para os quais o serviço militar se tornou um meio de vida.

O soldado profissional romano não pode ser confundido com o mercenário. Camponeses privados de terras, seu interesse pelo serviço militar ligava-se principalmente à expectativa de poder iniciar uma nova vida como pequenos proprietários.

O problema agrário, que não foi resolvido no sentido proposto pelos Graco, tornou-se mais agudo e assumiu uma nova forma: a exigência dos veteranos na distribuição de terras. Estes soldados combatiam longos anos sob o comando de um general, ao qual acabavam se sentindo ligados. Tinham interesse em que seu comandante chegasse ao poder: era a maneira mais eficaz de este dispor de recursos, terras, cargos para distribuir. O novo exército tendia a se tornar clientela de um general e passou a ter peso crescente na vida política.

Os generais do século I iriam multiplicar as colônias de veteranos, na Itália e, sobretudo, nas províncias. Surgia um novo tipo social: o veterano-colono, colocado à frente de uma propriedade de tamanho médio, que ele explorava em condições favoráveis, pois sua parte na distribuição do saque lhe permitia adquirir escravos. O sistema escravista se consolidou plenamente.

O soldado profissional uma vez instalado transformava-se, de um elemento reivindicador e potencialmente perturbador da ordem, em um elemento conservador. Sua lealdade ao comandante, que lhe garantia os benefícios, era indiscutível.

As leis agrárias posteriores à época dos Graco mudaram de caráter. Os Graco pretendiam atender os cidadãos que as fontes antigas chamam de "os pobres": a República distribuía terras para ter futuros soldados.

As leis agrárias aplicadas a partir do fim do século II eram em favor dos veteranos, claramente especificados como os de um determinado chefe militar. O problema mais sério que se apresenta aos generais a partir de Mário era a instalação dos ex-soldados. Começa-se a recorrer à colonização fora da Itália; assim, os veteranos de Mário recebem lotes na África.

O Senado fora o primeiro a apelar para a violência ao reprimir os partidários dos Graco. A luta política em breve se transformou em guerra civil, na qual exércitos romanos se enfrentaram para decidir a disputa pelo poder.

Em 88, Sila era cônsul e foi normalmente designado para assumir o comando de um exército; por iniciativa de um tribuno, este comando foi transferido para Mário. Sila rebelou-se e com seu exército marchou sobre Roma, fazendo revogar a ordem do tribuno. Em 82 Sila retornou do Oriente e conquistou Roma após derrotar o último exército dos marianistas. Sila tratou de instalar seus soldados como recompensa pelos serviços prestados. Segundo Apiano, 120.000 indivíduos teriam recebido terras; descontando o exagero, autores modernos reduzem esse número para 80.000. Para consegui-las, foram confiscadas terras públicas e privadas das cidades italianas que haviam apoiado Mário durante a guerra civil.

A instalação de colonos silanos teve um caráter de massa, envolvendo grande quantidade de terras recuperadas de latifúndios; o confisco atingiu inúmeros pequenos e modestos proprietários, expulsos para dar lugar aos novos donos. Houve pouco ou nenhum benefício social. Os lotes distribuídos aos ex-soldados eram pequenos (10 ou 12 jeiras) e com a situação econômica desfavorável, a maioria acabou se desfazendo das terras. Os grandes proprietários aproveitaram para comprá-las.

Ainda na época de Sila, ocorreu outro fenômeno: as proscrições. Milhares de ricos proprietários – inimigos políticos ou simplesmente pessoas cujos bens eram cobiçados – foram executados e seus bens confiscados. Estas terras foram vendidas por um preço muito abaixo do valor real aos partidários mais importantes de Sila. As proscrições favoreceram a concentração da propriedade e a formação de latifúndios. Algumas das maiores fortunas de Roma surgiram nesta época.

Com César se ouve falar pela última vez em lei agrária para cidadãos pobres. Daí em diante, só veteranos é que serão instalados na Itália ou nas províncias.

O medo de que não fossem cumpridas as distribuições prometidas por César levou seus veteranos presentes em Roma a participar dos tumultos que se seguiram à sua morte em março de 44.

A instalação em massa dos antigos soldados

de César constituiu para Otávio, quando ficou como único herdeiro do poder, a base mais sólida do novo regime que se instaurava.

Em 30, foram instalados 120.000 veteranos em novas colônias militares que precisaram ser fundadas quando foram desmobilizadas as legiões usadas na guerra civil.

Sob o nome de Augusto, Otávio governou Roma como imperador até 14 d.C.; ao morrer, deixou um documento que devia ser gravado em bronze diante de seu mausoléu; era uma lista de suas atividades políticas durante cinquenta e cinco anos, as suas *Res Gestae*. Augusto afirmava:

> Aproximadamente 500.000 soldados romanos prestaram serviço militar sob meu comando; destes, mais de 300.000 instalei em colônias ou mandei de volta para seus municípios, depois de terem completado o serviço militar; a todos distribuí terras ou dei dinheiro como recompensa pelos serviços (R.G., 3).

As vinte e oito colônias criadas por Augusto na Itália e inúmeras outras nas províncias foram o maior sustentáculo do novo regime imperial. Os veteranos constituíam uma imensa clientela pessoal do príncipe.

Augusto fez questão de ressaltar que pagara

em dinheiro aos municípios como compensação pelas terras distribuídas aos soldados, dizendo ter sido o primeiro a fazê-lo entre todos que fundaram colônias na Itália e nas províncias. Deste modo, ele evitava o ressentimento dos expropriados.

Com Augusto encerrava-se o longo período das guerras civis, em que o poder fora disputado por políticos que eram também chefes militares. A oligarquia senatorial usou a violência para eliminar os Graco, mas não pôde se opor a um novo instrumento de poder e dominação: o exército profissional, utilizado por homens como Mário, Sila, Pompeu, César e Augusto. A república chegava ao fim.

Na época de Augusto, as velhas famílias da antiga nobreza senatorial, que quase se extinguira durante as guerras civis, foram substituídas por homens novos provenientes da ordem equestre e, sobretudo, das oligarquias municipais.

O regime imperial manteve as aparências republicanas e a velha organização de poderes, mas sob o controle do príncipe, que estabeleceu novas relações de clientela e paternalismo com a cidade de Roma, a Itália e as províncias. O sistema escravista encontrara no regime imperial a sua expressão política adequada.

Indicações para leitura

1. Fontes

Os autores gregos e latinos utilizados para o conhecimento da história do período são essencialmente:

APPIAN´S Roman History. Trad. H. White. Londres: W. Heinemann, 1958. v. 3. (Loeb Classical Library).

CATÃO *De l´ Agriculture*. Trad. R. Goujard. Paris: Belles Lettres, 1975.

PLUTARCO *Vies Parallèles*. Trad. B. Latzarus. Paris: Garnier, 1955. t. 5. Plutarco é a fonte mais acessível aos nossos leitores, sendo a única traduzida para o português.

PLUTARCO *Vida dos Homens Ilustres*. São Paulo. EDAMERIS, 1959. Há a tradução espanhola em Ruiz-

Werner, J. M., *Biógrafos Griegos*. Madri: Aguilar, 1973.

2. Obras Gerais

Em português encontramos apenas obras gerais, nas quais existem capítulos referentes aos temas aqui tratados:

ALFÖLDY, G. *A História Social de Roma*. Lisboa: Editorial Presença, 1989.

AYMARD, A.; AUBOYER, J. *Roma e seu Império*. 4.ed. São Paulo: Difel, 1976. v. 1.

BLOCH, R.; COUSIN, J. *Roma e seu Destino*. Lisboa: Edições Cosmos, 1964.

FLORENZANO, M. B. *O mundo antigo: economia e sociedade*. São Paulo: Brasiliense, 1982. (Coleção Tudo é História).

3. Obras específicas

A bibliografia sobre a questão agrária e a agricultura romana é extensa, mas mencionaremos apenas as obras de síntese, que apresentam os resultados mais recentes da pesquisa historiográfica:

BRUNT, P.A. *Social conflicts in the Roman republic*. Londres: Chatto & Windus, 1971.

CAPOGROSSI COLOGNESI, L. (Org.). *L´agricoltura romana: guida storica e critica*. Roma: Laterza, 1982.

DE MARTINO, F. *Storia economica di Roma antica*. Florença: La Nuova Itália, 1980. v. 1.

HOPKINS, K *Conquerors and slaves: sociological studies in Roman History*. Cambridge: Cambridge University Press, 1978.

KUZISCIN, V. I. *La grande proprietà agraria nell´Italia romana*. Roma: Riuniti, 1984. (Tradução do russo).

MOSSÉ, C. *Le travail en Grèce et à Rome*. Paris: Presses Universitaires de France, 1971.

NICOLET, C. *Rome et la conquête du monde méditerranéen*. 6.ed. Paris; Presses Universitaires de France, 1993. v. 1. *Les structures de l´Italie romaine*. (Nouvelle Clio, 8). Esta obra é fundamental, fornecendo uma introdução metodológica e bibliográfica de excelente qualidade.

Les Gracques ou Crise agraire et révolution à Rome. Paris: Juillard, 1967. (Coll. Archives). Embora menos atualizado, este livro transcreve fontes historiográficas antigas sobre os Graco.

Sobre a autora

Maria Luiza Corassin é paulistana e desde 1976 é professora de História Antiga na Faculdade de Filosofia, Letras e Ciências Humanas da Universidade de São Paulo. Seu interesse pela História levou-a ao curso da FFLCH, onde concluiu a Graduação e obteve o título de Mestre. Foi bolsista do governo italiano na Universidade de Roma durante o ano de 1981, recolhendo material para seu doutorado com uma tese sobre a História Augusta, em 1984. Tem publicado artigos sobre História romana em periódicos especializados e é autora do livro "Sociedade e política na Roma antiga" (2001). Desenvolve atividade docente na Pós-graduação, em História Social, na USP, orientando pesquisas em nível de Mestrado e Doutorado na área de Antiguidade romana.

IMPRESSÃO E ACABAMENTO
COMETA GRÁFICA EDITORA
TEL/FAX - 11 2062.8999
www.cometagrafica.com.br